Stegosaurus/Estegosaurio

by/por Joanne Mattern

Illustrations by/Ilustraciones de Jeffrey Mangiat

Reading consultant/Consultora de lectura: Susan Nations, M.Ed., author, literacy coach, consultant in literacy development/ autora, tutora de alfabetización, consultora de desarrollo de la lectura

Science consultant/Consultor de ciencas: Philip J. Currie, Ph.D., Professor and Canada Research Chair of Dinosaur Palaeobiology at the University of Alberta, Canada/Profesor y Cátedra *Canada Research* de paleobiología de dinosaurios, Universidad de Alberta, Canadá

WEEKLY READER®

PUBLISHING

Please visit our web site at: **www.garethstevens.com**
For a free color catalog describing our list of high-quality books,
call 1-800-542-2595 (USA) or 1-800-387-3178 (Canada).
Our fax: 1-877-542-2596

Library of Congress Cataloging-in-Publication Data

Mattern, Joanne, 1963-
     [Stegosaurus. Spanish & English]
     Stegosaurus = Estegosaurio / Joanne Mattern.
          p. cm. — (Let's read about dinosaurs = Conozcamos a los dinosaurios)
     Includes bibliographical references and index.
     ISBN-13: 978-0-8368-8020-5 (lib. bdg.)
     ISBN-13: 978-0-8368-8027-4 (softcover)
     1. Stegosaurus—Juvenile literature. I. Title. II. Title: Estegosaurio.
  QE862.O65M2518   2007
     567.915'3—dc22   2006037429

This edition first published in 2007 by
Weekly Reader® Books
An Imprint of Gareth Stevens Publishing
1 Reader's Digest Rd.
Pleasantville, NY 10570-7000 USA

Managing editor: Valerie J. Weber
Art direction, cover and layout design: Tammy West
Spanish translation: Tatiana Acosta and Guillermo Gutiérrez

Printed in the United States of America

3 4 5 6 7 8 9 10 10 09 08

Note to Educators and Parents

Reading is such an exciting adventure for young children! They are beginning to integrate their oral language skills with written language. To encourage children along the path to early literacy, books must be colorful, engaging, and interesting; they should invite the young reader to explore both the print and the pictures.

Let's Read about Dinosaurs is a new series designed to help children read about some of their favorite — and most fearsome — animals. In each book, young readers will learn how each dinosaur survived so long ago.

Each book is specially designed to support the young reader in the reading process. The familiar topics are appealing to young children and invite them to read — and re-read — again and again. The full-color photographs and enhanced text further support the student during the reading process.

In addition to serving as wonderful picture books in schools, libraries, homes, and other places where children learn to love reading, these books are specifically intended to be read within an instructional guided reading group. This small group setting allows beginning readers to work with a fluent adult model as they make meaning from the text. After children develop fluency with the text and content, the book can be read independently. Children and adults alike will find these books supportive, engaging, and fun!

— Susan Nations, M.Ed., author, literacy coach,
and consultant in literacy development

Nota para los maestros y los padres

¡Leer es una aventura tan emocionante para los niños pequeños! A esta edad están comenzando a integrar su manejo del lenguaje oral con el lenguaje escrito. Para animar a los niños en el camino de la lectura incipiente, los libros deben ser coloridos, estimulantes e interesantes; deben invitar a los jóvenes lectores a explorar la letra impresa y las ilustraciones.

Conozcamos a los dinosaurios es una nueva colección diseñada para presentar a los niños información sobre algunos de sus animales favoritos — y más temibles. En cada libro, los jóvenes lectores aprenderán cómo sobrevivió hace tanto tiempo un dinosaurio.

Cada libro está especialmente diseñado para ayudar a los jóvenes lectores en el proceso de lectura. Los temas familiares llaman la atención de los niños y los invitan a leer una y otra vez. Las fotografías a todo color y el tamaño de la letra ayudan aún más al estudiante en el proceso de lectura.

Además de servir como maravillosos libros ilustrados en escuelas, bibliotecas, hogares y otros lugares donde los niños aprenden a amar la lectura, estos libros han sido especialmente concebidos para ser leídos en un grupo de lectura guiada. Este contexto permite que los lectores incipientes trabajen con un adulto que domina la lectura mientras van determinando el significado del texto. Una vez que los niños dominan el texto y el contenido, el libro puede ser leído de manera independiente. ¡Estos libros les resultarán útiles, estimulantes y divertidos a niños y a adultos por igual!

— Susan Nations, M.Ed., autora, tutora de alfabetización
y consultora de desarrollo de la lectura

Who is this big dinosaur?
Its name is Stegosaurus
(steh-guh-SORE-us). What
is on his back? Let's find out!

- - - - - - - - - - - - - -

¿Qué dinosaurio es ése tan
grande? Es un estegosaurio.
¿Qué tiene en el lomo?
¡Vamos a ver!

Two rows of flat **plates** lined
Stegosaurus's back and tail.
These plates were made
of bone.

Dos filas de **placas** lisas recorrían
el lomo y la cola del estegosaurio.
Estas placas estaban hechas
de hueso.

plates/
placas

7

The plates on Stegosaurus's back helped it stay warm. They soaked up heat from the Sun to warm the dinosaur.

Las placas del lomo del estegosaurio lo ayudaban a calentarse. Las placas absorbían el calor del sol para calentar al dinosaurio.

Stegosaurus was about the size of a bus. It weighed as much as two cars.

El estegosaurio era, más o menos, del tamaño de un autobús. Pesaba lo mismo que dos autos.

Stegosaurus had a long, heavy tail. Spikes poked out at the end. This dinosaur's tail was a powerful **weapon**! It could swing its tail and hurt other dinosaurs.

El estegosaurio tenía una cola larga y pesada. De su extremo salían unas espinas. ¡La cola de este dinosaurio era un **arma** poderosa! El estegosaurio podía golpear con la cola y herir a otros dinosaurios.

Stegosaurus's head was about the same size as a horse's head. Its brain was the same size as a person's fist! Its brain was small for such a big body.

- - - - - - - - - - - - - - -

La cabeza de un estegosaurio era, aproximadamente, del mismo tamaño que la de un caballo. ¡Su cerebro era del tamaño del puño de una persona! Era un cerebro pequeño para un cuerpo tan grande.

brain/
cerebro

15

Stegosaurus ate plants. Large **herds** traveled together while they ate.

Los estegosaurios comían plantas. Mientras comían, se desplazaban en grandes **manadas**.

Stegosaurus laid eggs. In time, each egg **hatched**. The baby dinosaurs could take care of themselves as soon as they were born.

Los estegosaurios ponían huevos. Después de un tiempo, cada huevo se abría. Las crías de estegosaurio podían valerse por sí mismas desde el nacimiento.

Stegosaurus died out a very long time ago. In 1876, a scientist found some Stegosaurus **fossils**. Today we can see Stegosaurus bones in museums.

-- -- -- -- -- -- -- -- -- -- -- -- --

Los estegosaurios desaparecieron hace mucho tiempo. En 1876, un científico encontró algunos **fósiles** de estegosaurio. Hoy podemos ver huesos de estegosaurio en los museos.

Glossary

fossils — bones or remains of animals and plants that died a long time ago
hatched — came out of an egg
herds — large groups of animals
museums — places where interesting objects are shown to the public
plates — flat pieces of bone
scientist — someone who studies nature
weapon — something that can be used in a fight

Glosario

arma — algo que se puede utilizar en una pelea
científico — persona que estudia la naturaleza
fósiles — huesos o restos de animales y plantas que murieron hace mucho tiempo
manadas — grupos grandes de animales
museos — lugares donde se muestran al público objetos interesantes
placas — pedazos planos de hueso

For More Information/ Más información

Books/Libros

A Busy Day for Stegosaurus. Smithsonian's Prehistoric Pals (series). Dawn Bentley (Soundprints)

Dinosaur Profiles: Stegosaurus. Andrea Due (Thomson Gale)

Stegosaurus. Glenn W. Storrs (Larousse Mexico)

Stegosaurus. Dinosaurs (series). Michael P. Goecke (Buddy Books)

Stegosaurus. Discovering Dinosaurs (series). Daniel Cohen (Bridgestone Books)

Un mal día para los dinosaurios. Aventuras jurásicas (serie). John Patience (Silver Dolphin en español)

Index/Índice

About the Author/Información sobre la autora

Joanne Mattern has written more than 150 books for children. She has written about weird animals, sports, world cities, dinosaurs, and many other subjects. Joanne also works in her local library. She lives in New York State with her husband, three daughters, and assorted pets. She enjoys animals, music, going to baseball games, reading, and visiting schools to talk about her books.

Joanne Mattern ha escrito más de ciento cincuenta libros para niños. Ha escrito textos sobre animales extraños, deportes, ciudades del mundo, dinosaurios y muchos otros temas. Además, Joanne trabaja en la biblioteca de su comunidad. Vive en el estado de Nueva York con su esposo, sus tres hijas y varias mascotas. A Joanne le gustan los animales, la música, ir al béisbol, leer y hacer visitas a las escuelas para hablar de sus libros.